Ernest Duvergier de Hauranne

La république
et
les anciens partis

essai

ISBN : 978-1533556974

10 9 8 7 6 5 4 3 2 1

Ernest Duvergier de Hauranne

La république
et
les anciens partis

essai

Table de Matières

Introduction

La tranquillité si précieuse qui règne aujourd'hui en France ne saurait être sérieusement troublée par les diverses manifestations auxquelles les chefs des partis extrêmes ont jugé à propos de se livrer dans ces derniers temps. Au fond, la France est indifférente à leurs ambitions et à leurs querelles, fatiguée de leurs déclamations monotones, et elle veut faire table rase de toutes ses superstitions anciennes ou modernes, pour se consacrer tout entière à la réparation de ses malheurs. Cependant une agitation assez vive règne en ce moment dans le monde politique. On n'avait pas vu depuis longtemps un tel débordement de manifestes, d'injures et de calomnies réciproques. Ce vacarme assourdissant fait un contraste choquant avec l'attitude sage et patiente de la grande majorité du pays. Sans distraire heureusement la foule des pacifiques travaux qui l'absorbent, et sans alarmer gravement l'opinion publique éclairée, les partis ont réussi à provoquer autour d'eux un de ces troubles superficiels qui inquiètent les esprits timides, et qui fournissent des arguments dangereux aux hommes dont c'est le métier d'effrayer le pays.

Il ne faut pas s'étonner de cette ébullition passagère : la cause en est artificielle et s'épuisera vite ; nous assistons en ce moment à la crise suprême et à l'agonie des *anciens partis*. Ils se savent perdus, si la république modérée se fonde, et avant de succomber ils lui livrent une dernière bataille. Jusqu'à ce jour, les anciens partis étaient restés jeunes ; ils avaient conservé tout leur prestige, grâce à une succession de gouvernements, despotiques ou révolutionnaires, qui avaient eu la maladresse de leur laisser le beau rôle, soit comme défenseurs de l'ordre, soit comme soldats de la liberté. Depuis dix-huit mois au contraire, les griefs sérieux leur manquent, et les anciens partis ne savent plus à quoi s'employer. L'opinion publique s'éloigne d'eux ; leurs rangs s'éclaircissent, leurs vieux cadres se brisent sous l'empire des circonstances nouvelles ; s'ils veulent échapper à la destruction, il faut qu'ils se résignent à changer de visage et à rompre avec tout leur passé. Les uns se décident, et font le sacrifice qu'on leur demande ; les autres gardent une neutralité expectante et malveillante ; la plupart se vengent de leur impuissance en accablant le gouvernement d'invectives.

Ernest Duvergier de Hauranne

Depuis le parti légitimiste jusqu'au parti radical, tous se sentent plus ou moins dépaysés par les événements ; ils se débattent entre leurs traditions et leurs intérêts, entre leurs passions exclusives et l'esprit de conciliation patriotique dont nos infortunes nationales leur font un devoir dans le moment présent. C'est de ce travail de l'esprit public que dépend aujourd'hui l'avenir de la France ; les partis sortiront de cette crise anéantis ou régénérés.

L'épreuve est certainement pénible pour les hommes convaincus qui n'y sont pas préparés, et qui voient s'abîmer dans l'indifférence et l'oubli public les affections, les espérances, les illusions de toute leur vie. Autant que possible, il faut s'abstenir d'insulter à leur douleur et de tourner en ridicule les protestations éplorées qu'ils envoient à tous les échos ; il ne faut même pas s'irriter outre mesure de leurs récriminations ou de leurs menaces. Laissons-leur toute liberté de se plaindre, et ne marchandons pas à leur faiblesse cette innocente consolation ; mais rendons en même temps pleine justice à la politique du gouvernement, grâce auquel s'accomplit cette transformation salutaire. C'est lui qui a frappé de mort les anciens partis en ouvrant la république comme un refuge à toutes les opinions honnêtes, et en les obligeant à se ranger autour de lui sous le drapeau national. La dissolution des anciens partis est le complément naturel de la libération du territoire, la condition indispensable du maintien de la paix publique, le seul moyen d'en finir avec les habitudes révolutionnaires. Après avoir délivré le pays des ennemis du dehors, il faut le délivrer aussi des ennemis du dedans. Le gouvernement y travaille, aidé par le bon sens public ; il s'est donné peur tâche, si j'ose ainsi parler, de réorganiser l'opinion publique sur un plan tout nouveau. Il y réussira sans oppression d'aucun genre, par la seule influence du bon exemple, par la seule force de la persuasion, par le seul ascendant du patriotisme.

Dans cette noble et excellente entreprise, la république conservatrice a naturellement pour adversaires les fanatiques de toutes les écoles. Ceux-ci l'accusent de trahison, ceux-là de modérantisme. Quoique d'opinions fort opposées, ils concourent tous également à ranimer les agitations qui s'apaisent. En ce sens, le fougueux orateur de Grenoble peut se dire l'allié des paladins de l'ancien régime et des organisateurs de pèlerinages. Les uns et les autres font de leur mieux pour entretenir les discordes civiles et pour perpétuer les anciens partis.

Partie I

Il serait injuste de nier les services rendus à la cause de la liberté française par les groupes politiques qu'on désigne habituellement sous le nom d'anciens partis. Les anciens partis ont joué dans l'histoire contemporaine un rôle souvent utile et quelquefois glorieux. Ils ont donné, dans des temps difficiles, l'exemple de la fidélité aux principes et de la résistance à l'oppression ; ils ont soutenu la conscience nationale au milieu de ses plus grandes défaillances. Ils ont bien mérité du pays tant qu'ils ont mis de côté leurs anciennes querelles et oublié leurs rivalités dans un commun effort contre le despotisme ou contre l'anarchie ; mais, si ces rivalités s'éternisent quand elles ne sont plus pour le pays qu'une cause de trouble et de faiblesse, si chacun des anciens partis prétend dominer seul et imposer à la nation ses préjugés ou ses rancunes, les uns et les autres deviennent des ennemis publics, et tous les hommes de bon sens doivent s'écarter d'eux sans hésiter.

Tel est le rôle que ces partis jouent maintenant sans le vouloir. Grâce à nos innombrables révolutions, nous avons quatre ou cinq factions irréconciliables qui mettent leur point d'honneur à ne se rien céder et leur vertu à se haïr les unes les autres ; on les a vues, dans le cours d'un siècle, s'élever toutes, l'une après l'autre, sur la scène politique, et s'y succéder régulièrement comme les pièces d'un répertoire de théâtre, sans parvenir jamais à s'y maintenir. Il n'y en a aucune qui n'ait été mise à l'épreuve, aucune qui ne soit jugée et condamnée par l'opinion publique. Néanmoins chacune se croit seule destinée à sauver la France, et ne songe qu'à s'emparer du pouvoir à l'exclusion de toutes les autres. La naïve insolence de leurs prétentions n'a d'égale que la profondeur de leur impuissance. Elles ne répondent à rien de présent et de réel ; elles se rattachent à un passé qu'il est impossible de faire revivre, elles nourrissent des passions qui n'ont plus d'objet sérieux, et que tous les bons citoyens doivent s'efforcer d'éteindre. Elles n'offrent donc aucun point d'appui pour l'établissement d'un gouvernement durable ; le gouvernement ne peut se maintenir au milieu d'elles que par

Ernest Duvergier de Hauranne

une intimidation brutale, ou bien par ce dangereux tour d'adresse qu'on appelle l'équilibre des partis. La conséquence de cette situation est claire : il faut en finir avec les anciens partis ; il faut déblayer le terrain de tous ces débris inutiles. C'est désormais pour nous une question de vie ou de mort : les anciens partis doivent disparaître, ou la France elle-même périra.

L'empire, dira-t-on, ne tenait pas un autre langage, et ceux qui combattent maintenant les anciens partis figuraient alors parmi leurs défenseurs. — Il faudrait ajouter qu'en ce temps-là les anciens partis étaient opprimés, que d'ailleurs ils avaient eu le bon sens d'oublier leurs divisions pour se ranger tous ensemble sous le drapeau libéral ; ce qui faisait leur mérite, ce n'étaient pas leurs prétentions particulières, c'était la cause commune au service de laquelle ils s'étaient enrôlés. Voilà justement ce qui les rendait odieux à l'empire ; il les aurait voulus divisés, il ne pouvait pas les souffrir unis. Il ne leur défendait pas de se déchirer entre eux, il leur défendait de s'entendre pour protéger les libertés publiques ; il s'efforçait de les mettre aux prises pour les dominer plus facilement. Il ne s'agit donc point à présent d'imiter l'empire ; c'est au contraire par la liberté qu'il faut dissoudre les partis, en essayant de les persuader, et, s'ils refusent de se laisser convertir, en les faisant comparaître devant le pays, pour montrer à tous et l'inanité de leurs entreprises et leur défaut de patriotisme.

Quoi qu'en disent les radicaux ou les réactionnaires de toutes les écoles, ce n'est pas par l'emploi de la force qu'on renouvelle les idées d'une nation, et qu'on affranchit l'opinion publique du joug des vieux partis et des vieilles doctrines. Le despotisme impérial en est la preuve ; l'oppression par laquelle il se flattait de les étouffer n'a servi qu'à les conserver plus longtemps ; En éloignant les anciens partis des affaires publiques, l'empire a pour ainsi dire arrêté leur croissance. Relégués dans le silence, condamnés à l'inaction, privés des moyens de se produire et de se rendre utiles, ils n'ont pu ni modifier leurs opinions, ni se faire des concessions mutuelles, ni pénétrer l'esprit de leur époque et s'accommoder à la société nouvelle. Sauf quelques lutteurs courageux qui combattaient assidûment pour nos libertés, la masse des anciens partis est restée silencieuse sous l'empire ; elle lui a obéi machinalement, sans perdre aucun de ses préjugés, aucune de ses illusions ni aucune de ses haines. Lorsqu'au bout de vingt ans, réveillée par les malheurs de la patrie, elle s'est retrouvée libre, il n'y avait rien de changé en elle. Elle reprenait la vie au point même où elle l'avait quittée la veille de l'avènement de l'empire. Ces vingt ans d'expérience étaient restés stériles pour les partis qui se trouvaient appelés de nouveau à gouverner la France, et l'on ne tarda pas à voir que, suivant un mot célèbre, la plupart de leurs chefs n'avaient rien appris ni rien oublié.

Ce fut là, parmi tant d'autres fautes, une des plus mauvaises actions et un des plus fâcheux résultats du régime impérial. Il avait arrêté les progrès de l'opinion publique et empêché l'éducation politique de la France. Il avait réduit tous les esprits généreux et indépendants à consumer leurs talents et leur patriotisme dans les labeurs monotones d'une opposition permanente et impuissante. Or l'opposition, qui est souvent un devoir, est presque toujours une mauvaise école et pour les hommes d'état et pour les partis. Aussi, quand l'empire disparut de la scène, on s'aperçut que derrière cette décoration de théâtre, qui avait si longtemps fait illusion à la France et au monde, il n'y avait rien qu'un peuple divisé, des factions négatives et intolérantes, des hommes politiques aigris dans la retraite, endurcis par la persécution et impatiens de prendre leur revanche, mais peu capables de gouverner le pays. Tel sortait de son château, où il avait vécu jusqu'alors, attendant le messie de la royauté légitime, et s'efforçant de fermer les yeux au spectacle de l'orgie révolutionnaire. Tel autre sortait du salon où il avait coutume de rassembler une société frondeuse pour s'y dédommager en paroles de la gêne imposée à ses actes, ou du cabinet de travail où il avait dépensé en travaux littéraires son activité depuis trop longtemps inoccupée. Tel autre enfin avait été proscrit par l'empire ; il revenait de l'exil ou de quelque prison lointaine avec l'amertume et l'exaltation qu'engendrent les longues souffrances et les persécutions injustes. Voilà ce qu'étaient devenus les principaux partis appelés à se disputer la succession de l'empire. Rejetés brusquement dans la vie publique après le long ostracisme qui les avait frappés, ils ressemblaient à des prisonniers rendus à la liberté après une captivité longue et rigoureuse. Ils rentraient aux affaires comme des émigrés reviennent de l'exil, avec des illusions accrues par vingt ans de solitude et des prétentions d'autant plus

Ernest Duvergier de Hauranne

exclusives qu'elles avaient été plus longtemps déçues. Hélas ! au lieu d'une revanche à prendre, c'était leur éducation qu'ils avaient à refaire, et elle ne pouvait se refaire qu'aux dépens du pays.

Si l'expérience des deux dernières années n'est point parvenue à corriger les anciens partis, elle a du moins servi à éclairer le pays sur leur compte. Au fond, leurs ambitions et leurs prétentions sont toujours les mêmes ; mais leur impuissance est démontrée aux yeux de l'opinion, sinon même à leurs propres yeux. Il en est d'eux comme des bâtons flottants de la fable : ils figuraient assez bien à distance et quand on les considérait dans le passé ; mais il suffit de les voir de près pour leur faire perdre aussitôt tout prestige. Depuis les partisans inflexibles de la royauté traditionnelle jusqu'aux républicains de race pure, qui s'intitulent aujourd'hui les radicaux, il n'y a aucun des anciens partis qui puisse se suffire à lui-même et fonder un gouvernement durable à lui tout seul. Nous recommandons cette réflexion salutaire et à ceux qui s'alarment outre mesure des entreprises des anciens partis, et à ceux qui fondent des espérances exagérées sur le succès de tel ou tel d'entre eux. Que chacun fasse sérieusement son examen de conscience, qu'il se rende un compte exact des opinions et des besoins du pays, et tous deviendront plus modestes ; ils resteront convaincus qu'ils sont séparément incapables de sauver la France, qu'ils ont besoin de s'aider les uns les autres, s'ils veulent la gouverner sagement, et qu'au lieu de rêver chacun de son côté la toute-puissance, ils feraient mieux de chercher un terrain commun sur lequel il leur fût possible de vivre.

Le parti légitimiste est celui de tous qui est revenu avec les plus grandes et les plus incurables illusions ; ces illusions étaient d'autant plus entières qu'il était devenu plus étranger à la France moderne et qu'il exerçait moins d'action sur le pays. Sa retraite avait été plus longue, son isolement plus profond que celui des autres partis. Son exhumation inattendue aux élections du 8 février 1871 lui fit l'effet d'une véritable résurrection. Rappelés aux affaires comme conservateurs avérés et amis de la paix avec l'étranger, les hommes honnêtes, mais aveuglés, qui composent la masse du parti prirent le change sur l'opinion de la France ; ils crurent à je ne sais quelle miraculeuse conversion du pays à la doctrine de la royauté légitime, quand au contraire le pays, oubliant leur drapeau, ne voyait que leurs personnes et ne récompensait que leurs vertus. Évidemment le suffrage universel ne leur eût pas témoigné la même confiance, s'il les avait considérés comme des hommes de parti. Néanmoins les légitimistes, exaltés de cet apparent triomphe, rompirent avec leurs vieilles habitudes de résignation chrétienne et de soumission fataliste aux pouvoirs nouveaux. Eux qui s'étaient humanisés en 1848 jusqu'à accepter, que dis-je ? jusqu'à acclamer la république, et plus tard, au moins quelques-uns d'entre eux, jusqu'à solliciter des charges de cour dans les antichambres impériales, on les a vus avec surprise reparaître en bataillons serrés, avec leurs vieilles armures féodales, leur drapeau blanc, leurs anciens cris de guerre, leur foi inébranlable dans l'avenir et leurs doctrines d'un autre temps. Depuis ce jour, l'opinion publique n'a négligé aucune occasion de refroidir leur zèle. Rien ne les décourage ; ils paraissent d'autant plus entêtés qu'ils se sentent plus impuissants. Aujourd'hui, après tant d'échecs et de déboires, quand son chef lui-même s'est décidé à quitter le champ de bataille, la phalange royaliste refuse obstinément de se rendre ; elle proclame héroïquement que tôt ou tard elle sauvera la France en lui rendant ses anciens rois. A l'exemple de son chef, elle ne veut pas entendre parler de compromis avec la société moderne ; elle n'admet pas de milieu entre la pure tradition monarchique et l'anarchie révolutionnaire. Tout ou rien, c'est sa devise, et elle périra plutôt que de s'incliner devant l'usurpation populaire.

Il faut rendre hommage au courage malheureux : les légitimistes se conduisent en ce moment comme des chevaliers de la Table-Ronde ; mais la vérité a également ses droits, et il faut voir les choses comme elles sont, quand on ne veut pas être dupe et qu'on a la généreuse ambition de sauver son pays. Cette tradition séculaire qu'on veut maintenir intacte, ce drapeau sans tache qu'on ne veut pas souiller des couleurs révolutionnaires, sont justement ce qu'il y a de plus impopulaire en France. On n'y tolère les légitimistes qu'à la condition qu'ils ne montrent pas leur drapeau ; sitôt qu'on voit poindre en eux les hommes de parti, l'opinion conservatrice elle-même les abandonne. S'ils persistent comme aujourd'hui dans leurs prétentions hautaines, ils deviennent pour le pays un véritable épouvantail, et ils éloignent l'opinion de toutes les causes qu'ils défendent. C'est là un fait, injuste peut-être, mais indiscutable :

Ernest Duvergier de Hauranne

la France laborieuse, issue de la révolution, éprouve une aversion profonde pour tout ce qui lui rappelle l'ancien régime. Aux yeux du peuple, la légitimité est un fantôme plus redoutable que le jacobinisme ; aux yeux de la bourgeoisie, même monarchiste, elle ne serait qu'un pis-aller pour éviter la commune. La dîme, les corvées, les droits féodaux, les privilèges et la tyrannie nobiliaires ont laissé dans l'esprit du peuple des souvenirs profonds, qu'il n'est pas difficile d'évoquer, et qui se présentent d'eux-mêmes à la première apparition du drapeau blanc. Sans partager entièrement ces naïfs préjugés populaires, on ne doit pas méconnaître la portion de vérité qu'ils contiennent. Il y a, au fond de ces contes bleus sur le rétablissement des privilèges du clergé et de la noblesse, un sentiment très juste de l'irréconciliabilité de la vieille tradition monarchique avec le principe nouveau de la souveraineté nationale. Leur réconciliation a été tentée une fois dans les conditions les plus favorables, à un moment où la France, façonnée de nouveau à la monarchie par un dictateur militaire et surmenée par le turbulent génie qui avait prétendu asseoir la révolution sur le trône, succombait à l'épuisement de vingt années de guerre, et ne demandait plus rien qu'un peu de repos. Elle a échoué cependant à une époque où toute l'influence appartenait aux classes moyennes, et où elles étaient seules à vivre de la vie politique. Comment, après avoir échoué chez les classes moyennes, réussirait-elle mieux devant une démocratie et en présence du suffrage universel ?

Il est vrai qu'après 1830, au lendemain d'une révolution faite par la bourgeoisie, le parti légitimiste a essayé d'en appeler de cette bourgeoisie révolutionnaire à la masse du peuple, qu'il aimait à supposer fidèle à ses anciens rois. Ce sont les écrivains légitimistes qui ont inventé le suffrage universel comme un moyen de replacer l'héritier de la vieille monarchie sur le trône de ses pères. Cela leur a mal réussi, comme chacun sait, et ce n'est pas le descendant des Bourbons que la comédie plébiscitaire a remis sur le trône. Le parti de l'ancien régime ne pouvait conserver l'affection des classes populaires qu'à la condition de les tenir en tutelle et de ne jamais permettre qu'elles fussent émancipées par l'acquisition du droit de suffrage. Du moment où ces classes naissaient à l'existence politique, elles ne pouvaient que s'éloigner chaque jour davantage du passé qu'on leur demandait de rétablir. Elles devaient aller d'abord aux idées de la révolution française dans leur incarnation la plus brillante et la plus grossière, sous la forme du césarisme napoléonien ; puis, à mesure qu'elles s'affranchiraient de cette superstition nouvelle et qu'elles s'instruiraient dans la pratique de leur pouvoir, elles devaient abandonner l'idole impériale pour s'adresser à son tour à la république. Aussi la légitimité ne compte-t-elle plus beaucoup sur l'appui du suffrage universel ; c'est maintenant aux classes bourgeoises et moyennes, ses ennemies d'autrefois, qu'elle voudrait en appeler des classes populaires. Après avoir aidé plus qu'aucun autre parti à introduire ces dernières dans le *pays légal*, elle voudrait maintenant les chasser du temple comme immorales et incapables, et elle compte sur la bourgeoisie conservatrice pour l'aider dans cette entreprise. Cette fois encore elle se trompe : les classes moyennes peuvent regretter le temps où elles étaient seules à représenter le pays ; mais elles n'essaieront pas d'y revenir, parce qu'elles savent très bien que certaines révolutions sont irrévocables, et qu'à trop vouloir remonter en arrière on risque toujours de tomber en avant. Toute entreprise contre le suffrage universel mettrait une arme redoutable aux mains des ennemis de l'ordre légal et nous ramènerait un césarisme quelconque issu des excès de la démagogie, sinon même ouvertement appuyé sur elle.

Sur quoi donc la légitimité peut-elle fonder ses espérances ? Quelle est la force réelle dont elle dispose aujourd'hui ? Elle a, dit-elle, son principe, sur lequel elle s'appuie comme sur un roc inébranlable ; mais un principe, si respectable qu'il soit, si profonde que soit la conviction de ceux qui le révèrent, un principe tout nu n'est pas une puissance politise. Il ne suffit pas de l'invoquer ; il faut avoir les moyens de le faire prévaloir. On ne fonde pas un gouvernement avec une idée seule ; on ne bâtit pas des institutions sur une abstraction morale, il faut les appuyer sur la force ou sur l'assentiment de la volonté nationale. Quant à la force, il n'en est pas question, et personne, il faut l'espérer, ne songe à s'en servir pour contraindre l'opinion de la France. C'est donc à la volonté nationale qu'on doit aujourd'hui s'adresser. Le seul moyen de refaire l'ancienne royauté est de se réconcilier avec l'opinion publique, au lieu de la braver maladroitement tous les jours avec une intrépidité qui ressemble à de la folie ; c'est de faire de la politique sensée, positive et vraiment nationale, au lieu de

Ernest Duvergier de Hauranne

se livrer à des divagations mythologiques qui exaspèrent le pays, quand elles ne le font pas rire. C'est trop demander aux légitimistes. Laissons-les donc à leurs illusions ; prenons en patience les lamentations et les injures dont ils poursuivent le gouvernement de ; la république ; honorons-les personnellement, mais ne les prenons pas trop au sérieux comme parti. L'acharnement de leurs derniers manifestes vient du sentiment secret qu'ils ont de leur faiblesse. S'ils doivent pousser jusqu'au bout la dernière levée de boucliers qu'ils annoncent, assistons-y sans nous émouvoir. Laissons-les expirer de leur belle mort, et ne nous offusquons pas des gros mots qui peuvent se mêler au chant du cygne.

A côté des paladins de la légitimité, il y a un groupe d'hommes habiles et vraiment politiques qui, tout en poursuivant la restauration de l'ancienne royauté, n'ont pas la prétention de la rétablir à eux tout seuls, ni même de se la réserver pour eux seuls. Ceux-là se tournent vers le parti orléaniste et sollicitent son alliance en lui proposant de faire part à deux. Comme la doctrine orléaniste est celle de la monarchie parlementaire, ils lui promettent de lui rendre son régime préféré, à la condition qu'on reconnaisse le principe de la royauté légitime. Ils se montreraient même assez volontiers coulants sur le principe, pourvu qu'on leur accordât le fait, c'est-à-dire la *fusion* des deux branches. Ces légitimistes parlementaires affectent d'ailleurs de ne faire passer la royauté qu'en seconde ligne ; ce qu'ils demandent aux conservateurs, ce qu'ils les adjurent de faire, c'est de se joindre à eux pour repousser le flot montant de la démocratie. C'est, comme on vient de le voir, avec l'assistance des classes moyennes et des bourgeois de 1830 que le parti détrôné en 1830 espère maintenant refouler la démocratie et terrassera république. Ceci est encore une illusion. Le service que la légitimité demande à la bourgeoisie ou à la monarchie de 1830, qui représente les traditions et les intérêts de la bourgeoisie, celle-ci ne peut absolument pas le lui rendre. Sans parler du respect que les chefs du parti d'Orléans doivent eux-mêmes aux traditions de leur famille, ils sont les représentants d'une doctrine libérale et, tranchons le mot, révolutionnaire, qui ne se concilie pas avec celle de la monarchie légitime. Ils sont les enfants de la souveraineté nationale, et ils ne peuvent être infidèles à leur origine. Pour le parti orléaniste, la monarchie ne peut pas devenir une institution divine ; elle n'est qu'un *modus vivendi* toujours subordonné à la volonté de la nation. Ce parti et ses chefs, fussent-ils de race royale, peuvent se rallier sans inconséquence, sans honte, à des institutions républicaines ; mais ils ne peuvent accepter le dogme de la monarchie sans renier tout leur passé. Tout ce que l'honneur, le respect d'eux-mêmes, la fidélité qu'ils doivent à leurs principes, leur permettent de promettre aux diplomates de la royauté légitime, c'est qu'ils conserveront, quoi qu'il arrive, une neutralité loyale, qu'ils se refuseront à jouer le rôle intéressé de prétendants, et qu'ils s'effaceront devant la souveraineté nationale, prêts à subir, à ratifier et à soutenir toutes ses décisions.

Telle est la seule conduite que les orléanistes véritables puissent tenir à l'égard de leurs anciens adversaires, et pourquoi ne pas le dire ? l'intérêt, le soin de leur prestige et de leur influence, ne la leur commande pas moins que le souci de leur dignité et le sentiment de leurs devoirs. L'orléanisme en effet n'est pas seulement, comme on pourrait le croire, à en juger par quelques-uns de ses partisans les plus zélés, un culte affectueux voué à des personnes princières ; c'est quelque chose de plus, c'est avant tout un système politique. L'orléanisme a représenté dans l'histoire de la société française une transaction libérale entre le passé et le présent, un moyen terme entre les formes de l'ancien régime et les idées de la révolution. Il cesserait d'exister, s'il changeait de doctrine et de caractère. Le jour où le parti orléaniste rentrerait dans le giron de la légitimité, le jour où ses derniers soldats iraient grossir modestement les rangs des défenseurs fidèles de l'ancienne royauté, ce jour-là les princes d'Orléans reprendraient peut-être leur rang de cadets dans la famille royale de France et leurs droits à une hérédité tout idéale, mais ils auraient signé aux yeux du pays leur abdication de princes et leur démission de citoyens. Le pays, qui ne les distingue pas assez de la royauté légitime, ne les en distinguerait plus du tout, et pourrait les envelopper dans le même discrédit. Quant à ceux de leurs partisans sérieux, fidèles amans de la monarchie libérale, qui refusent encore d'accéder à la république, ils pourraient les abandonner pour aller chercher ailleurs, dans un gouvernement plus conforme aux goûts du pays, les garanties d'ordre et de liberté qu'ils attendent encore de la monarchie.

S'il était possible aux orléanistes de réunir autour d'eux tous les partisans de l'ancienne royauté, on comprendrait à la rigueur leur hésitation et leur répugnance à accepter le gouvernement actuel avec ses conséquences républicaines ; mais, quand il s'agit au contraire d'aller s'enterrer, avec les dévots de l'ancien régime, dans la nécropole légitimiste, on ne conçoit pas bien qu'ils prêtent l'oreille à une tentation si peu séduisante. Puisqu'ils ne peuvent contracter avec la légitimité l'intime union qu'ils désirent, puisqu'il y a entre eux d'insurmontables obstacles, puisqu'ils en ont déjà fait l'épreuve, c'est de l'autre côté qu'ils doivent chercher une alliance. Ils n'ont plus qu'une résolution à prendre, c'est d'accepter, de soutenir et de perfectionner la république. Quant à garder cette attitude boudeuse où ils semblent se complaire, à s'isoler de toutes les opinions, à se venger de leur impuissance en suscitant à tout propos des embarras, c'est un rôle qui ne convient pas à un grand parti ; c'est même un mauvais calcul, car on s'amoindrit soi-même en privant le pays de ses services. Une telle conduite n'est pas glorieuse pour des hommes considérables et éclairés ; elle n'est ni patriotique, ni habile dans l'état de division où se trouve la France, et dans un temps où la première condition du succès est de savoir prendre un parti. A l'heure où nous sommes, aucun homme politique, à plus forte raison aucun groupe important n'a le droit de se désintéresser des affaires publiques sous prétexte de rester neutre entre les combattants. Cela ne sert qu'à prolonger les incertitudes du pays, à augmenter les difficultés de l'avenir. Le moment est venu où il n'est plus permis à personne d'éviter les solutions et les déclarations franches. C'est le reproche qu'on adresse, non sans raison, à l'orléanisme, et qu'il doit cesser au plus tôt de mériter. Ses indécisions et ses faux-fuyants ne peuvent que lui nuire ; même au point de vue de ses intérêts et de son influence possible sur les destinées de la France, il n'a qu'à gagner dans une adhésion loyale à la république.

Passons au parti républicain. Celui-là est de tous les anciens partis incontestablement le plus fort, le seul que les circonstances favorisent, le seul qui n'ait pas besoin de subterfuges, d'agitations et de révolutions pour vaincre, ayant pour alliés ces deux invincibles puissances qu'on appelle le temps et la force des choses. Le parti républicain a fait de grands progrès depuis quelques années ; tout a concouru à le pousser en avant, et, s'il a passé récemment par quelques épreuves, ce n'est pas à ses adversaires qu'il le doit, c'est à ses propres fautes ou à celles de ses amis. D'abord la forme républicaine est la seule qui puisse durer dans une société démocratique, et, comme « tous les chemins mènent à Rome, » tous les progrès d'une société pareille mènent nécessairement à la république. Ensuite l'empire, en déconsidérant la monarchie, a beaucoup contribué à propager les idées républicaines. Enfin le suffrage universel, que l'empire a enraciné dans nos mœurs tout en l'intimidant et en le corrompant pour son compte, a un penchant naturel pour les idées simples et claires. Les beautés scientifiques des gouvernements pondérés et compliqués, qui font vivre en bonne harmonie des pouvoirs et des principes opposés, ne touchent pas l'esprit du peuple. Il préfère le césarisme ou la république : entre les deux, il ne connaît pas de milieu. Du moment où le suffrage universel renonce à se donner un maître absolu et héréditaire, la seule idée qui le frappe est celle d'un gouvernement électif. Ajoutons à cela que la république est à l'heure présente le seul gouvernement matériellement possible, le seul qui puisse se flatter d'accorder les partis, et que d'ailleurs elle s'impose, au moins comme provisoire, à ceux même qui la détestent le plus. Le parti républicain trouve donc aujourd'hui en France sa cause à moitié gagnée. La fortune lui vient en dormant : il n'a qu'à se laisser porter par le vent qui gonfle ses voiles ; son succès est certain, s'il ne le compromet pas lui-même. Cependant il peut gâter tout cela, et il le gâtera certainement, s'il reste livré à ses seules inspirations, s'il ne trouve pas dans l'alliance des opinions conservatrices un frein en même temps qu'un appui.

Pas plus que les autres partis, l'ancien parti républicain ne peut nous sauver à lui tout seul ; pas plus que les autres, il ne peut trouver en lui-même assez de puissance pour fonder un gouvernement durable, assez de sagesse pour inspirer confiance au pays, assez d'autorité pour obtenir de ses anciens adversaires l'union, l'unanimité nécessaire à la fondation de nos institutions définitives. Ce qui fait aujourd'hui sa principale force, non pas sa force numérique, mais sa force morale, c'est l'adhésion résolue et réfléchie des hommes qu'il appelle les républicains du lendemain, et qui s'intitulent eux-mêmes les républicains de raison. C'est grâce à ces recrues nouvelles et à leur sage influence que l'ancien

Ernest Duvergier de Hauranne

parti républicain se modifie, se tempère, apprend à rassurer les conservateurs, à réprimer les violences inutiles, et qu'il renonce à la politique déclamatoire et sentimentale pour devenir un vrai parti de gouvernement. Si au contraire il abusait de son succès pour violenter la fortune, et qu'il redevînt exclusif, intolérant, turbulent comme par le passé, il ne tarderait pas à en être puni. Le pays en aurait peur, et de dégoût se rejetterait, par-delà la royauté constitutionnelle, jusque dans les bras du despotisme impérial.

Bien des gens voient dans la turbulence naturelle au parti républicain le signe d'une scélératesse profonde et d'une haine féroce contre la société. C'est plutôt une infirmité passagère, une mauvaise habitude empruntée aux circonstances, et que les circonstances devront corriger. Les mauvais penchants du parti républicain tiennent à son passé, à ses précédents, à son inexpérience, à sa mauvaise éducation politique. Sous toutes les monarchies que nous avons eues, ce parti a toujours été plus ou moins en guerre avec la loi, partant toujours maltraité, toujours proscrit. Il a contracté l'habitude des revendications violentes, et s'est accoutumé à regarder l'acquisition du pouvoir comme une revanche passagère dont il faut jouir à la hâte en attendant les revers. Ayant presque toujours appartenu à l'opposition, il s'est exercé à exciter les passions au lieu de les apaiser. Enfin il a pris les défauts révolutionnaires : une excessive confiance dans les mots et dans les formules, un penchant généreux, mais naïf, à croire qu'il suffit de vouloir les choses et de les proclamer pour qu'elles soient faites, un esprit exclusif et jaloux, une disposition soupçonneuse, fruit des longues persécutions qu'il a souffertes, un grand dédain des traditions et des formes légales, une certaine ignorance des conditions réelles du gouvernement, surtout une tendance orgueilleuse à tout réformer, à tout condamner, à ne voir dans nos sociétés, telles qu'elles sont faites, qu'un amas d'iniquités à détruire. En un mot, pourquoi ne pas le dire ? les travers du parti républicain ont plus d'une analogie secrète avec ceux du parti légitimiste. Tous les deux sont exclusifs, fanatiques, un peu sectaires ; tous les deux sont un peu les esclaves d'une mauvaise tradition démodée qu'ils devraient rejeter bien loin dans le passé auquel ils l'empruntent. De même que les légitimistes se rattachent aux souvenirs de l'ancien régime bien plus qu'à l'entreprise avortée de la restauration, les républicains, ne pouvant s'appuyer sur l'épreuve éphémère de 1848, remontent jusqu'à la convention pour y prendre leurs modèles. C'est là, dans les exemples d'un temps, Dieu merci, bien différent du nôtre, qu'ils s'obstinent à trouver des leçons pour leurs hommes d'état. C'est dans les sentiments faussement dramatiques, dans les passions démesurées de cette époque à la fois admirable et infâme, dans ce mélange d'héroïsme et de crime qui étonne et confond le jugement de l'histoire, que beaucoup de nos républicains s'amusent encore à chercher leur idéal politique : anachronisme absurde, qui alarme justement le pays et qui compromet à ses yeux la république. La politique, il ne faut pas l'oublier, n'a rien de commun avec l'archéologie. Le jacobinisme et la terreur, dont on évoque si imprudemment l'image, sont des choses du passé, comme l'ancien régime ; ils se sont pas moins odieux que l'ancien régime lui-même à l'immense majorité du pays. S'il est des hommes que ces exemples séduisent, en dehors des lettrés et des historiens qui les vantent, c'est surtout, il faut bien le dire, par les côtés bas de la nature humaine, par les appétits, par les convoitises, par les féroces passions qu'ils encouragent, et qui ont été dans tous les temps les pires ennemis de la liberté.

C'est là ce que, dans le langage du jour, on appelle la *queue* de la république, et ce qui éloigne d'elle tant de bons citoyens disposés d'ailleurs à la soutenir. Les patriotiques, mais inutiles fureurs du dictateur de la défense nationale, les atrocités et les impiétés de la commune, ont augmenté, encore cette défiance, qu'il fallait s'efforcer de calmer. Le parti républicain, ayant toujours été un parti révolutionnaire, traîne forcément derrière lui une arrière-garde suspecte. Il faut qu'il s'en dégage à tout prix, et il ne pourra s'en dégager qu'en cherchant un appui dans les opinions modérées. S'il veut fonder une république régulière et légale, il ne faut pas qu'il reste un parti fermé, tel qu'il est sorti des mains de l'empire ; il faut qu'il donne lui-même aux autres partis récalcitrants l'exemple de l'oubli et de l'abdication, du passé ; il faut enfin qu'au lieu de s'appeler *radicale*, en faisant sonner bien haut cette vaine épithète, la république se contente d'un titre plus modeste, plus conforme à sa mission réparatrice et aux besoins présents de la France, — que, sans renoncer à aucune des réformes pressantes que le pays attend d'elle, elle ne perde pas de vue que son premier devoir est

Ernest Duvergier de Hauranne

d'offrir un point de ralliement à tous les honnêtes gens fatigués de nos divisions, désireux d'y mettre un terme et résolus à ne plus consulter désormais que l'intérêt national.

Dans cette énumération des anciens partis, de leurs forces et die leurs chances, nous avons négligé le bonapartisme, parce qu'à proprement parler le bonapartisme, pas plus que la commune, ne saurait être appelé un parti. Ces deux frères jumeaux de la démagogie sont justement l'ennemi contre lequel la république modérée doit rallier toutes les forces de la France. On ne peut voir en eux que des pirates qui guettent l'occasion de fondre sur elle et d'achever sa ruine. Les uns osent se dire les défenseurs de l'ordre, les autres les champions de la liberté ; au fond, ce sont les mêmes convoitises qui les animent. Les bonapartistes se sont chargés de nous donner leur mesure le jour où un de leurs journaux, publié en exil, déclarait aux soldats de la commune qu'il était avec « l'héroïque population de Paris contre les égorgeurs de Versailles ; » ils nous la donnent encore trop souvent lorsque leurs chroniqueurs salariés dénoncent à l'étranger les armements de la France. Le jour où notre malheureuse patrie serait obligée de se jeter dans les bras de l'empire pour échapper à la commune, ou ne pourrait se délivrer de l'empire qu'en tombant dans la commune, c'en serait fait d'elle pour toujours. En ce moment, ces deux grands fléaux de la société française sont également vaincus ; nous ne redeviendrons leur proie que si nous le méritons.

Partie II

Qui donc pourra imposer silence à nos divisions ? Qui pourra réunir sur un terrain commun tous les hommes « de paix et de bonne volonté, » comme dit l'Écriture ? Nous venons de le voir, ce ne sera ni la légitimité, ni l'orléanisme, ni la république radicale. Quant à la démagogie sous toutes ses formes, c'est justement le fléau qu'il s'agit d'éviter. Il faudra donc que ce soit un parti nouveau ; mais lequel encore ? Le pays est contraire à toute apparence de restauration monarchique et contraire à toute apparence de désordre ; il est profondément conservateur, et il penche visiblement vers la république. Il n'y a donc plus qu'un gouvernement possible, celui de la république conservatrice. Voilà le nouveau parti qu'il s'agit de fonder et qui peut seul nous mettre d'accord.

C'est ici que les anciens partis se récrient ; ils affectent de ne pas nous comprendre. Qu'est-ce donc, disent-ils, que cette république conservatrice, sinon une alliance de mots contradictoires et une misérable équivoque ? Si ce n'est une « ruse de guerre, » c'est une « duperie » et une *bêtise.* C'est le cheval de Troie par où le parti conservateur introduira l'ennemi dans nos murs. Quand l'épithète aura servi de passeport au substantif, on la mettra de côté, et l'on ne trouvera au fond de la république conservatrice que la république radicale. En quoi d'ailleurs cette nouvelle forme de gouvernement consiste-t-elle, en quoi diffère-t-elle de toute autre république ? Les radicaux la traitent eux-mêmes comme un masque de circonstance qu'ils vont arracher bientôt de leur visage, et dont ils ont hâte de se délivrer. Les parlementaires ajoutent que c'est une mystification sciemment combinée pour servir la politique personnelle de M. Thiers et faire accepter à la France le pouvoir d'un seul homme.

Eh bien ! malgré ces agréables railleries, la république conservatrice fait son chemin, et ces deux mots si simples contiennent tout l'avenir de la France. Le pays, qui n'est point subtil, n'a pas de peine à les comprendre, et il le prouve en accordant sa confiance à la politique du gouvernement. La république conservatrice est la mort des anciens partis : il n'est pas étonnant que les anciens partis la méconnaissent. Elle n'est autre chose au fond qu'un terrain commun ouvert à toutes les opinions légales, une reconstitution de l'opinion publique sur des bases meilleures et plus solides. Ce n'est pas une forme de gouvernement, ni un système d'institutions d'un nouveau genre ; c'est quelque chose de plus, c'est un renouvellement complet des mœurs et des idées politiques de la France. Les constitutions ont leur utilité ; mais les mœurs publiques d'un pays sont une chose bien plus importante que les systèmes politiques. Ce sont donc les mœurs qu'il faut réformer tout d'abord en faisant prévaloir un gouvernement sensé, calme, impartial, qui remette, pour employer une expression familière, les anciens partis à leur place, qui les dégoûte de la violence en la rendant inutile, et qui leur enseigne par son exemple la puissance d'une politique modérée.

Faut-il une définition plus claire ? La république conservatrice

Ernest Duvergier de Hauranne

n'est autre chose que la trêve actuelle transformée en paix définitive. Bien loin d'y trouver la violation des promesses faites par le pouvoir aux chefs des anciens partis, on ne doit y voir que la conséquence naturelle de leurs sacrifices réciproques et de leur besoin d'union. En leur faisant accepter une suspension d'armes, le gouvernement préparait par là même leur pacification future. La fameuse trêve de Bordeaux n'aurait été qu'un leurre pour le pays, si elle ne devait être qu'un entr'acte entre deux périodes d'anarchie et de guerre civile. Tous les efforts d'un gouvernement honnête devaient tendre à écarter cet avenir funeste et à tirer d'un accord passager une paix permanente et définitive. Il n'y a eu là ni déloyauté ni subterfuge ; il n'y a eu que la force des choses, l'intelligence des besoins du pays et l'accomplissement d'un devoir national. Ceux qui gémissent aujourd'hui du succès de la république conservatrice sont des hommes qui regrettent secrètement les discordes civiles ; ceux qui lui font la guerre, à quelque opinion qu'ils appartiennent, soit au nom du radicalisme, soit au nom de la royauté ou de l'empire, font la guerre à la patrie elle-même et repoussent sans le savoir la seule planche de salut qui nous reste.

On a fait reproche à M. Thiers de ce qu'à Bordeaux, quand il fut investi du pouvoir par l'assemblée nationale, il ne se prononçait pas encore clairement entre la république et la monarchie. On aurait voulu qu'il arborât le drapeau d'un parti ; c'aurait été plus loyal, dit-on. On aurait su par là à qui l'on avait affaire, et l'on aurait pu dès lors traiter le gouvernement en ami ou en ennemi. Oui, c'aurait été plus loyal à l'égard des partis ; mais était-ce plus loyal à l'égard de la France ? Il s'agissait bien alors, pour un gouvernement patriote, de faire les affaires des républicains ou des royalistes ! L'homme à qui la confiance nationale imposait la glorieuse et lourde tâche de sauver le pays avait bien à se préoccuper de ses devoirs envers telle ou telle coterie politique ou parlementaire ! Il devait avant tout faire accepter la trêve ; pour cela, il ne devait devenir l'instrument d'aucun parti, pas plus du parti républicain que d'aucun parti monarchique. La république, quoique indispensable, ne devait pas être celle des républicains tout seuls, celle d'une faction suspecte ; elle devait être celle de tout le monde. C'est ce que M. Thiers exprimait alors par cette formule célèbre dont on a tant abusé depuis : « la république sans les républicains, » c'est-à-dire, non pas, comme on a paru le croire, une république hostile aux républicains, les proscrivant, leur faisant la guerre et les chassant de son sein, mais bien une république dégagée des passions et des illusions républicaines, affranchie du joug de la tradition révolutionnaire. Voilà quelle république il fallait pour le salut de la France, et c'est encore celle qu'il nous faut aujourd'hui.

Ou bien la trêve de Bordeaux devait être rompue dès l'origine, ou bien elle devait finir par s'imposer d'elle-même à tous, comme la meilleure solution définitive à nos longues perplexités. Une fois les partis domptés, les discussions calmées, la paix publique assurée par le régime actuel, quel homme de bon sens pouvait refuser de consolider ce régime pour courir les hasards d'une révolution nouvelle ? Comme dit le proverbe, le mieux est l'ennemi du bien. Les conservateurs, qui passent pour des hommes sages, devaient donc tout les premiers se rallier à la république de M. Thiers. Le concours des républicains était plus douteux. Il se pouvait qu'une telle république ne fût pas de leur goût, et qu'ils lui fissent la guerre. C'était la seule chance sérieuse qui restât à la monarchie. En ce cas seulement elle reprenait ses droits, et les conservateurs pouvaient essayer de revenir à leurs anciennes affections.

Jusqu'ici, malgré quelques brutalités de langage au fond sans grande importance, et qui passeraient presque inaperçues dans un pays moins prompt à s'alarmer que le nôtre, les républicains se sont refusés obstinément à fournir aux royalistes l'occasion désirée. Il est arrivé une chose à laquelle on ne s'attendait guère : ce sont les conservateurs qui ont attaqué le gouvernement de « la république sans républicains ; » ce sont les républicains de la veille qui l'ont accepté et soutenu. Ce sont les hommes modérés qui se sont montrés exclusifs, défiants, irréconciliables ; ce sont les hommes violents qui ont montré de la patience et de l'abnégation. On assure qu'ils sont fatigués de ce rôle, et que l'ancien naturel va bientôt reprendre le dessus. En attendant ce changement de scène, qui doit, dit-on, porter le coup de grâce à la république conservatrice, et faire cesser le scandaleux mensonge de cette bizarre interversion des rôles entre les conservateurs et les révolutionnaires, il faut bien que le gouvernement vive ; à moins que les royalistes ne soient tout prêts à occuper sa place, il y a intérêt pour le pays à ce que son autorité se soutienne. Qu'on soit donc indulgent pour son apostasie, et qu'on

Ernest Duvergier de Hauranne

lui pardonne ce grand crime de se laisser appuyer par ceux qui le défendent contre ceux qui le combattent.

Mais, puisque la modération des radicaux tire à sa fin, qu'attendent donc les conservateurs de la droite pour se rallier au gouvernement ? Puisque l'ordre légal et les intérêts conservateurs sont leur unique souci, et que ces intérêts sont gravement compromis, que n'accourent-ils à leur défense, pour s'en approprier tout l'honneur ? Pourquoi, au lieu d'imiter l'intempérance de leurs adversaires, ne viennent-ils pas dès aujourd'hui se ranger autour de la société menacée ? Ce serait plus utile que de crier dans leurs journaux contre la république conservatrice, et de prédire le prochain triomphe de la république radicale. Quelle raison peuvent-ils avoir d'alarmer l'opinion publique, d'affaiblir un gouvernement qui est encore leur seule sauvegarde contre le radicalisme ? Il serait plus sage, plus habile d'entrer loyalement dans la république, de la conquérir à leurs idées. C'est leur droit, comme le nôtre à tous, et les radicaux ne peuvent pas plus leur en interdire l'usage qu'ils ne peuvent eux-mêmes contester aux radicaux le droit de les combattre. Pourquoi, quand on peut se défendre en plein jour et prendre le monde a témoin de sa vertu, préférer la guerre des subterfuges, des embuscades et des aventures ?

Non, ce n'est pas la république conservatrice qui repoussera jamais le concours de ces ouvriers de la douzième heure, et qui suspectera gratuitement leur sincérité ! Qu'ils viennent à nous sans faire de réserves mentales, sans se ménager des portes de sortie, et ils seront des nôtres. Sans doute, une telle adhésion ne doit pas être une simple ruse de guerre ; nous ne voulons pas mettre la république au service de la démagogie, mais nous ne voulons pas non plus qu'elle soit un déguisement pour une réaction monarchique. Nous n'entendons pas plus opprimer le parti républicain sous le couvert de la république que ruiner le parti conservateur en usurpant son nom. Il s'agit seulement de donner à notre pays des institutions libres et des institutions qui durent plus longtemps que nos monarchies modernes. Pour nous du reste, la république, étant la chose de tous, ne saurait être l'œuvre d'un seul parti. Si la monarchie ne peut contenir que des monarchistes, si la république radicale n'a de place que pour les radicaux, la nôtre au contraire ne repousse personne, et elle croît que les gouvernements périssent plus souvent par la défiance que par la trahison.

Il y a quelques mois, de telles offres auraient été accueillies avec dédain par les monarchistes. Il n'en est plus tout à fait de même à l'heure présente. Quelques-uns d'entre eux ont donné l'exemple, et peu à peu le groupe des conservateurs libéraux se rapproche de celui des conservateurs républicains. Il faut avouer qu'ils ne se résignent pas de très bonne grâce. Ils viennent en maugréant, en exhalant leur amertume par des récriminations quotidiennes, en saisissant toutes les occasions de malmener la république : ils font un demi-pas en arrière pour chaque pas qu'ils ont fait en avant ; mais enfin leur désir secret, visible à travers leurs plaintes mêmes, est d'entrer en arrangement avec la république. Seulement ils ont une manière originale d'entendre la république conservatrice, celle du moins à laquelle ils accorderaient peut-être leur concours. A leurs yeux, la république conservatrice doit être une ligue défensive et offensive de tous les républicains du lendemain contre tous les républicains de la veille. Ils voudraient qu'en retour de leur adhésion, on leur assurât, pour ainsi dire, la mise hors la loi des radicaux, qu'on jurât de les combattre systématiquement, éternellement, quoi qu'ils fassent, quoi qu'ils disent, et qu'on les empêchât d'arriver au pouvoir par tous les moyens. Ils vaudraient que M. Thiers rassurât la France en prenant avec les radicaux l'attitude d'un saint Michel terrassant le dragon. Si la république ne leur garantit pas la destruction du radicalisme, elle est, disent-ils, convaincue d'impuissance, et c'est perdre sa peine que de la soutenir. C'est une dernière sommation qu'ils lui adressent ; qu'elle les satisfasse sur-le-champ, ou bien ils vont retourner à la monarchie.

Eh bien ! qu'ils y retournent, s'ils ne sont pas plus sages. Se figurent-ils donc que la monarchie, quand même ils seraient parvenus à la relever, les mettrait éternellement à l'abri des idées radicales ? Peuvent-ils croire sérieusement que la présence d'une royauté réduirait le parti révolutionnaire à l'impuissance ? Ce parti ne sera-t-il pas cent fois plus redoutable quand la haine commune de la monarchie lui donnera pour alliés tous les républicains honnêtes, qui se retourneront contre lui, sous la république, toutes les fois qu'il menacera l'ordre légal ? Quelle vertu miraculeuse attribue-t-on à l'institution monarchique ? S'imagine-t-on qu'il y ait un système d'institutions politiques qui assure aux nations le

Ernest Duvergier de Hauranne

bienfait d'un repos éternel, et qui les dispense des luttes salutaires et quotidiennes, des nobles. et souvent pénibles travaux de la liberté ? Eussions-nous en monarchie, et en monarchie aussi conservatrice, aussi réactionnaire qu'on voudra, nous n'en serions que plus exposés à des convulsions violentes. Défaite pour défaite, si les conservateurs doivent en essuyer un jour, ne préfèrent-ils pas encore aux catastrophes révolutionnaires ces défaites légales, régulières, réparables, dont on appelle à l'opinion publique, dont on travaille à prendre sa revanche, et où le vaincu lui-même est protégé par les garanties de la loi ? La France ne souffre pas tant de la nature des opinions professées par les partis que du caractère et de la conduite des partis eux-mêmes. Notre grand malheur est que tous les gouvernements qui se succèdent chez nous sont issus des révolutions. Un grand progrès serait accompli, et beaucoup de nos terreurs s'évanouiraient bien vite, le jour où, par la pratique d'une liberté régulière, nous aurions appris à marcher dans les voies légales et à respecter le droit de nos adversaires, lors même que l'usage nous en déplaît.

Dans un gouvernement libre, toutes les opinions sont égales devant la loi ; il n'y en a point qu'il soit permis de proscrire, et l'intolérance chez les partis ne prouve qu'une chose, c'est qu'ils ne sont pas dignes de la liberté. Voilà pourquoi on a peine à comprendre l'étrange langage tenu aux républicains modérés par ceux des anciens monarchistes qui leur proposent tardivement leur alliance. « Prouvez-nous, s'écrient-ils, que vous détestez les radicaux autant que nous. Rompez toute espèce de concert avec eux. *Creusez un abîme*, élevez *une barrière éternelle* entre eux et vous, et nous pourrons peut-être avoir confiance dans le gouvernement de la république. » — « Eh ! messieurs, devrait-on leur répondre, vous vous trompez d'adresse. Un gouvernement n'est pas une église et n'a pas d'anathèmes à lancer contre les partis. Il s'agit ici, non pas de préférences sentimentales, mais d'intérêts positifs, d'intérêts nationaux, qui dans les pays libres et dans les gouvernements représentatifs doivent être débattus et sauvegardés en commun. Ces intérêts publics passent avant notre agrément et vos répugnances. Nous n'avons pas deux poids et deux mesures. Nous ferons avec le parti radical ce que nous faisons avec vous-mêmes, nous le soutiendrons quand il aura raison, nous le combattrons quand il aura tort. »

Ainsi « il faut creuser un abîme » entre les conservateurs et les radicaux. Qu'ils sont peu des hommes d'état, ceux qui emploient ces formules hautaines ! Quoi, est-ce possible ? « creuser un abîme » entre deux opinions, deux partis, deux classes de la société française ! C'est là le genre de prudence et d'apaisement que certains libéraux nous recommandent ! Les divisions ne sont pourtant que trop profondes dans notre malheureux pays. Cette nation, dont le caractère est si bienveillant, dont les mœurs semblent si douces, est peut-être celle du monde où l'on se déteste le plus. Un siècle après la révolution française, nous portons encore dans la politique les sentiments haineux des guerres de religion, et voilà les passions déplorables qu'on nous engage à faire épouser au gouvernement du pays ! C'est quand les malheurs de la patrie nous exhortent à nous rapprocher les uns des autres, quand l'union de toutes les forces nationales est devenue une nécessité suprême, qu'on veut faire décréter solennellement l'état de guerre entre les partis, et leur infliger par avance une sorte de damnation éternelle !

Si telles étaient vraiment les conditions de l'adhésion des conservateurs à la forme républicaine, le gouvernement devrait en désespérer. Ce qu'on lui demande, ou, pour mieux dire, ce qu'on exige de lui, c'est qu'il fasse aux républicains radicaux un procès de tendance, et qu'il châtie leurs intentions présumées sans attendre leurs actes. Or jusqu'ici le gouvernement et les conservateurs sincères n'ont contre ce parti aucun sujet de plainte bien grave. Sans doute son calme même éveille quelques défiances ; certaines gens ont beaucoup plus de peine à lui pardonner les marques de modération qu'il a données que les retours de violence auxquels il se laisse aller de temps à autre ; mais il serait difficile de lui faire un crime tout à la fois de sa sagesse, quand il est sage, et de sa folie, quand il cesse de l'être. S'il est bien vrai, comme on aime à le dire, et comme quelques-uns de ses adhérents se plaisent sottement à s'en vanter, qu'il joue une comédie devant la France et devant l'Europe, c'est dans tous les cas une comédie utile à notre repos, et, bien loin de vouloir y mettre fin, il faut souhaiter qu'elle dure longtemps. Un parti qui a assez de discipline et d'esprit politique pour contenir ses impatiences et dominer ses passions, même dans l'espoir de les satisfaire un jour, n'est pas si incorrigible et si ingouvernable qu'on

Ernest Duvergier de Hauranne

voudrait le croire. Si la crainte de Dieu est le commencement de la sagesse, l'intérêt bien entendu est le commencement de la bonne politique.

Apprenons donc à nous respecter un peu plus et à nous soupçonner un peu moins les uns les autres ; sinon, les anathèmes des monarchistes justifieraient la défiance et les rancunes du parti radical. On n'aurait plus le droit de reprocher à M. Gambetta son éloquence fanfaronne et ses dénonciations brutales, si l'on ne cessait de dénoncer les républicains au mépris public. Les hommes sont au fond bien plus sincères et bien moins perfides qu'ils ne le croient eux-mêmes. Ce qu'ils pratiquent longtemps, ils finissent par le penser ; c'est sur la puissance de l'habitude qu'il faut compter pour tempérer l'ardeur des radicaux. Les conversions les plus éclatantes ne sont pas toujours les plus sérieuses ; on ne peut pas demander à des hommes politiques de se renier brusquement eux-mêmes et de venir faire amende honorable, la corde au cou, comme les pénitens du moyen âge. C'est par l'usage et par les mœurs que se refont insensiblement les doctrines. Encore quelques années de république, et vous verrez les radicaux eux-mêmes observer scrupuleusement la loi. Les partis se rapprocheront les uns des autres, et au lieu de la guerre sociale qu'on nous prêche nous aurons un régime de liberté légale, sujet aux fluctuations de tous les pays libres, mais obéi et soutenu par tous.

Sont-ce là, comme certains esprits forts l'assurent, de vaines espérances et de ridicules illusions ? La république, telle que nous l'entendons, c'est-à-dire le règne de la loi, est-elle donc impossible dans une société comme la nôtre ? Notre démocratie française est-elle un terrain mouvant où l'on ne peut rien fonder de solide ? Est-elle éternellement condamnée, comme le dieu de la fable, à dévorer ses enfants ? Doit-elle défaire chaque matin ce qu'elle a fait la veille, et détruire successivement toutes les institutions qu'elle se donne ? Soyons de bon compte, et ne nous payons pas de mots : le grand défaut de notre nation n'est pas son goût pour l'anarchie ; c'est au contraire une docilité trop grande à toutes les impulsions qu'on lui donne, c'est une obéissance résignée aux gouvernements établis, et une soumission passive à la loi, quel qu'en soit l'auteur, même à la loi du plus fort quand il n'y en a pas d'autre. La démocratie française est essentiellement conservatrice de l'ordre légal, et elle le respectera certainement, si les partis savent le respecter eux-mêmes. Les révolutions dont on l'accuse sont beaucoup plus le fait des factions et des gouvernements eux-mêmes que celui de la masse de la nation. Faut-il s'étonner si ces perpétuels changements, qu'elle subit sans en être la cause, et dont elle cherche à s'accommoder sans les avoir voulus, la surprennent, la désorientent, la découragent, et lui font perdre quelquefois l'équilibre ? Ce n'est pas la faute de l'opinion publique, si les hasards des révolutions et les exagérations des partis victorieux la poussent toujours d'un extrême à un autre. Sans doute elle manque de sang-froid et de prévoyance. Elle n'a pas cette prudence politique, si rare même chez les hommes d'état, qui les préserve des exagérations régnantes, et leur permet de traverser d'un pied sûr les époques les plus troublées de l'histoire. Elle dépasse bien souvent le but dans son impatience de l'atteindre. Quand l'ordre légal est menacé, elle se jette dans la réaction, au détriment de la légalité et de l'ordre même, qu'elle veut défendre. Quand la réaction devient menaçante à son tour, quand la souveraineté populaire est en danger, elle se rejette vers l'excès contraire, et elle tombe dans la politique radicale, sans comprendre qu'elle fournit des armes à la réaction. C'est ainsi que l'opinion publique verse tour à tour dans la démagogie et dans la dictature, sans pouvoir depuis longtemps se reposer dans l'ordre légal. C'est un travers dont il faut la guérir, mais ce n'est pas une raison pour désespérer de l'avenir ou pour donner soi-même au pays l'exemple des exagérations qui le perdent. Il n'y a qu'un seul moyen pour empêcher la France d'osciller éternellement entre les partis extrêmes : c'est de faire de la politique modérée. La violence n'est bonne qu'à exaspérer les passions, à semer l'effroi dans le pays et à le pousser justement dans les bras des partis extrêmes, auxquels on voudrait le soustraire. Puisque l'opinion publique manque de sang-froid et de mesure, on n'y remédiera pas en imitant les défauts qu'on lui reproche ; on ne la corrigera qu'en lui donnant patiemment l'exemple des vertus qui lui manquent, et en l'habituant elle-même à les pratiquer.

Cette tâche est justement celle de la république conservatrice, et ceux même qui ne croient pas à son succès n'ont pas le droit de lui refuser leur assistance dans cette patriotique entreprise. Dût-elle périr malgré leurs efforts, en travaillant pour elle, ils auraient

Ernest Duvergier de Hauranne

travaillé aussi pour eux-mêmes. On ne leur demande ici que de consulter leurs intérêts. S'ils persistent à croire à l'efficacité des moyens violents, qu'ils attendent au moins, pour prêcher leur croisade, que nous ayons fixé d'un commun accord les institutions du pays. Alors ils seront libres de guerroyer à leur aise soit contre les radicaux, soit même contre les modérés. Personne d'ailleurs ne peut leur garantir que les radicaux n'arriveront jamais au pouvoir, et qu'ils n'y commettront pas des fautes ; on peut même prédire que leur tour viendra un jour ou l'autre, quelle que soit la forme du gouvernement, parce que les conservateurs commettront eux-mêmes des fautes dont les radicaux profiteront. Le jour n'est peut-être pas très éloigné où les modérés de toute opinion devront se coaliser pour tenir tête à un gouvernement radical. Raison de plus pour ne pas bouder la république et pour asseoir solidement les institutions qui seront notre sauvegarde. On affecte souvent de penser que le choix de la monarchie ou de la république est une chose secondaire, et que l'opinion de la France se divise dès à présent en deux partis tranchés, le parti conservateur et le parti radical. Sans doute il en sera ainsi quand la république sera fondée. A l'abri des institutions choisies librement par la nation, et, il faut l'espérer, respectées de ceux même qui ne les auront pas votées, le pays se divisera comme partout ailleurs en deux partis réguliers ; mais il faut d'abord que la république soit faite : tant que cette question préjudicielle n'aura pas été vidée, la confusion régnera dans les partis, et ce grand duel des conservateurs avec les réformateurs, cet éternel procès qui fait la vie des pays libres, ne pourra pas se plaider faute de juges.

Puisque l'on a hâte de rentrer dans l'état normal et d'écarter tout mélange, il n'y a qu'une chose à faire : il faut organiser la république. Si l'on y cherche une panacée contre telle ou telle doctrine ou un instrument favorable à telle ou telle politique, assurément on ne l'y trouvera pas ; la république en elle-même n'assurera le monopole du pouvoir à aucune opinion particulière. Il ne faut y chercher que le cadre légal dans lequel tous les partis seront appelés à se mouvoir et à se combattre librement. Les institutions politiques, surtout chez une nation divisée comme la nôtre, ressemblent aux règles d'un tournoi, que les adversaires appelés à lutter l'un contre l'autre doivent fixer d'un commun accord, pour n'en pas méconnaître l'autorité. Il importe donc à tout le monde que tout le monde apporte son concours à l'établissement de la république. L'unanimité des résolutions peut seule donner à nos institutions futures l'autorité nécessaire à la défense des intérêts conservateurs et à la sécurité de l'ordre social.

Partie III

L'intérêt des conservateurs à soutenir le gouvernement actuel est d'une telle évidence que l'on s'étonne de le voir méconnaître. Si l'assemblée nationale avait fondé la république dès l'année dernière, l'influence des conservateurs serait aujourd'hui bien plus grande. Ils seraient restés les conseillers naturels du gouvernement, les arbitres incontestés de l'opinion publique. Leur autorité se serait accrue par leurs concessions mêmes. Quoiqu'il soit bien tard pour changer de route, elle ne peut encore que s'amoindrir par des hésitations et par des résistances nouvelles.

Les républicains, il faut l'avouer, ceux du moins de l'opinion radicale, ont un bien moindre intérêt à agir de même, s'ils ne considèrent que leur influence personnelle et le succès de leur parti. L'an dernier, pour sauver la république menacée par les royalistes, ils auraient volontiers consenti à la recevoir des mains de l'assemblée actuelle ; mais aujourd'hui les fautes des conservateurs ont mis la majorité dans leurs mains. Ils n'ont plus rien à redouter pour la république elle-même, et beaucoup d'entre eux conçoivent même l'espérance d'arriver directement au pouvoir. Ils n'ont donc plus besoin que le gouvernement les protège ; ils peuvent attendre sans inquiétude l'époque des élections futures, et concentrer tous leurs efforts sur les candidatures purement radicales. C'est le résultat inévitable des lenteurs et des intrigues royalistes. Chaque jour dépensé par l'assemblée en récriminations et en vaines querelles ajoute aux forces du parti radical, et lui donne la tentation de s'en servir, non-seulement contre la monarchie, mais bien contre la république conservatrice elle-même.

Néanmoins, si les républicains se placent à un point de vue plus élevé, s'ils pensent un peu davantage à l'avenir, à la durée de cette république qu'ils semblent aimer d'un si fervent amour, et dont

Ernest Duvergier de Hauranne

l'intérêt ne peut pas être séparé de celui du pays, ils s'apercevront qu'ils doivent rester fidèles à la politique conservatrice, et qu'un retour pur et simple à la politique radicale ne leur offrirait que des satisfactions d'amour-propre, achetées au prix de la tranquillité de la France et peut-être du salut de la république. Ils verront que tout leur commande de résister à la tentation d'un succès éphémère, bientôt suivi de quelque catastrophe. Ils se garderont même, s'ils sont sages, de triompher trop bruyamment des victoires de la république, et ils s'appliqueront avant tout à faire mentir les propos qui les représentent comme des comédiens de modération, prêts à se ruer sur le pouvoir et à bouleverser la société.

Pourquoi ? Parce que la France a besoin de repos, et qu'elle a peur de ce qui pourrait la troubler. Un de leurs chefs le leur disait, il y a peu de jours, dans un discours ou la sagesse se mêle étrangement à la violence et où le bon sens de l'homme politique semble dominé trop souvent par les emportements du démagogue et les rancunes de l'homme de parti. La France a peur ; la longue habitude du pouvoir absolu, l'expérience fréquente des révolutions soudaines, l'absence des longues traditions politiques, l'ont rendue prudente et même timide ; les malheurs sans précédents qui viennent de l'accabler lui ont fait de ce défaut une nécessité et presque une vertu. Elle a besoin de se recueillir et de reprendre ses forces. Toute opinion qui essaierait brutalement de s'imposer à cette nation convalescente ne réussirait qu'à l'épouvanter. C'est apparemment pour cette raison que le chef de la gauche radicale, ajoutant l'exemple au précepte, accompagnait ces sages avis d'un flot de paroles intolérantes et belliqueuses, propres à semer partout l'inquiétude. C'est également dans ce dessein, du moins il faut le croire, qu'il terminait sa pacifique harangue par une excommunication solennelle, *urbi et orbi*, contre tous les mécréants monarchistes qui pourraient essayer de se glisser dans la république, sans avoir fait pénitence à la porte de l'église, et humblement confessé leurs erreurs. Eh bien ! les républicains auraient tort d'applaudir sans réserve à ces paroles légères et arrogantes. Ils y perdraient leur plus grande force, celle de la modération, leur plus précieuse conquête, celle de l'estime chaque jour croissante de la France. C'est faire le jeu des royalistes que de fournir un prétexte à leurs accusations. C'est dégoûter le pays de la république que de la lui montrer sous l'aspect du fanatisme et de la défiance. La république doit venir à tous, la main, ouverte et le visage souriant. Autrement elle n'est plus qu'un parti comme un autre, et elle mérite à son tour les reproches qu'elle adresse à ses adversaires, quand elle les accuse si justement de n'avoir pas le sentiment national. Oui, elle serait bien diminuée dans l'histoire, s'il s'agissait pour elle non plus de pacifier et de relever la France, mais bien de revanches personnelles à prendre, d'amours-propres à satisfaire, déplaces à distribuer, de triomphes oratoires à remporter, ou même de théories abstraites à imposer au pays ! La France et la république seraient toutes les deux bien malades, si, après le départ de cette assemblée, elles devaient tomber sans transition dans les mains d'une assemblée purement radicale !

Cette assemblée, dira-t-on, sentirait le besoin d'être sage : elle ne pourrait l'être, si la majorité y était composée tout entière de soldats obéissant au même chef. La seule chose qui empêche les partis de se perdre, c'est la résistance qu'ils rencontrent et les concessions qu'ils sont obligés de faire. Un gouvernement purement radical succédant à celui de M. Thiers, ce serait la république se séparant avec éclat des conservateurs, les forçant à devenir ses ennemis, les livrant à toutes les tentations réactionnaires. Ce serait une lutte de tous les instants entre deux partis tranchés et inconciliables, ce serait le parti conservateur moralement insurgé contre la république, le parti radical exaspéré, perdant la tête, — tout le fruit de deux ans de sagesse anéanti, — la France enfin retombant dans l'ornière des révolutions sans issue et parcourant de nouveau la triste série de ses métamorphoses monarchiques, dictatoriales et républicaines. Voilà où pourraient nous conduire la politique d'exclusion du parti radical et l'impatiente ambition de ses chefs. Qu'ils le sachent bien, la république sans conservateurs n'est pas moins impossible à fonder que la république sans républicains. Pour les uns comme pour les autres, il s'agit non point de « creuser des abîmes, » mais de combler autant que possible ceux qui sont déjà creusés. Radicaux ou royalistes, les partis qui « creusent des abîmes » finissent toujours par y être engloutis.

La république est de tous les régimes celui auquel cette politique nuirait le plus. Elle a moins d'intérêt que tout autre à entretenir les divisions de la société française et à les exagérer aux yeux du pays. Son principal mérite consiste au contraire à en effacer

Ernest Duvergier de Hauranne

les dernières traces en achevant dans les esprits une révolution depuis longtemps consommée dans les faits. C'est donc lui rendre an mauvais service et commettre une mauvaise action que de représenter la France, ce pays où la plus complète égalité règne dans les droits politiques non moins que dans les droits civils, comme un peuple d'ilotes à peine affranchis, et obligés encore d'opprimer leurs maîtres pour n'être pas ramenés sous le joug. Ces déclamations troublent les esprits, égarent les consciences, pervertissent le sens politique, et nuisent en définitive au parti qui les emploie, puisqu'elles font durer les malentendus qui ont si longtemps rendu la liberté suspecte et la république odieuse au pays. Non, il ne sert de rien aux républicains de calomnier la France ? ils devraient laisser ce triste rôle aux amis de l'empire et à tous les partis d'aventure qui spéculent sur la haine des classes, L'heure est venue d'en finir avec ces lieux-communs malfaisants dont la démagogie et le despotisme se servent tour à tour pour nous dominer, et c'est à la république qu'il appartient de nous en délivrer. Elle seule peut réconcilier les diverses branches de la famille française en leur faisant voir que nos divisions sont moins profondes et moins irrémédiables que nous ne le pensons. Elle manquerait à son devoir, elle trahirait sa propre cause, si elle souffrait qu'on vînt en son nom ranimer les inimitiés qu'elle doit éteindre.

Si l'on regarde sérieusement au fond des choses, au lieu de s'en tenir aux préjugés vulgaires et aux habitudes prises, on s'aperçoit avec étonnement que nos divisions de partis tiennent beaucoup moins encore à nos doctrines politiques qu'à la fausse opinion que nous avons les-uns des autres et à la ridicule frayeur que nous nous inspirons mutuellement. Au rebours de ce qui devrait se passer dans un pays libre, les questions de personnes l'emportent presque toujours sur les questions de principes, et, lors même qu'ils sont près de s'accorder sur le fond des choses, les partis tiennent à rester isolés et à se faire passer pour ennemis. L'absence de mœurs publiques sérieuses, le défaut de patience et de mesure, telle est la principale, sinon l'unique raison de nos discordes. Pourquoi la France en effet serait-elle moins unie que les autres nations ? Pourquoi serait-elle condamnée à un régime de provocations perpétuelles ? Pourquoi n'arriverait-elle pas à ce paisible échange des idées qui établit, dans les pays libres, un lien moral entre les opinions contraires, et qui leur permet de résoudre ensemble le grand problème des sociétés modernes en mélangeant dans une juste mesure la conservation et le progrès ? Quel est donc l'obstacle inconnu qui s'y oppose ? Où sont dans la société française, les éléments irréconciliables ? Les théories sociales qu'on y professe sont-elles plus dangereuses et plus détestables qu'ailleurs ? Le programme du parti radical n'est-il pas le même que chez les nations voisines ? Ou bien les conservateurs français sont-ils plus arriérés et plus rebelles aux idées modernes ? — En aucune façon. La France est au contraire au point de vue démocratique un des pays les plus avancés du monde. Il n'y en a pas d'autre en Europe où les distinctions sociales soient moins sérieuses, où le mélange soit plus grand entre les différentes couches du peuple ; il n'y en a pas où les principes d'égalité, qui sont le fond des idées républicaines et l'âme de la société moderne, soient plus profondément enracinés dans les esprits et dans les mœurs. A vrai dire, aucune de ces idées n'appartient en propre au parti radical ; on les respire dans l'air de la société française, elles sont devenues indispensables à son existence ; beaucoup de conservateurs les professent ouvertement, et, si elles rencontrent encore çà et là des adversaires passionnés, ces contradictions ne servent qu'à prouver leur puissance. Comment se fait-il donc que les radicaux parviennent à en faire un épouvantail pour le pays ?

Cela tient surtout à la manière dont ils les enseignent et à l'attitude belliqueuse qu'ils se croient permis de prendre à l'égard du reste de la nation. Rien ne leur serait plus facile que d'offrir aux conservateurs un arrangement équitable, et de faire prévaloir pacifiquement celles de leurs idées qui sont mûres ; mais beaucoup d'entre eux aiment mieux les proclamer sur un ton dogmatique et menaçant et repousser tout essai d'entente comme une trahison ou un sacrilège. Au lieu de se présenter modestement comme des hommes de bon sens et de bonne foi, ils aiment à envelopper leurs doctrines d'une phraséologie pompeuse qui déguise aux yeux de la foule ce qu'elles ont de vague ou de banal. Ils enflent orgueilleusement la voix comme les prophètes d'une religion nouvelle, et ils accablent de leurs foudres quiconque n'adhère pas aveuglément au *credo* de leur église. Ils sont comme toutes les sectes religieuses, il leur faut la foi du charbonnier ; ils préfèrent

Ernest Duvergier de Hauranne

à l'adhésion réfléchie des esprits éclairés le fanatisme ignorant et l'enthousiasme pour ainsi dire physique de la multitude. Ils veulent avoir des soldats plutôt que des alliés, des serviteurs dociles plutôt que des conseillers indépendants et sévères, et en dehors du troupeau de leurs fidèles il n'y a guère pour eux que des ennemis. C'est ainsi qu'ils font des idées les plus simples, les plus libérales, les plus pratiques (et il y en a quelques-unes dans leur programme), un objet d'effroi pour les gens timides et de répulsion pour ceux même qui ne seraient pas loin de les admettre. Ils semblent avoir peur de perdre leur prestige en laissant pénétrer des étrangers dans le temple. On dirait qu'ils veulent se faire une espèce de monopole de la république, comme les bonapartistes le feraient de l'empire ou les légitimistes de la royauté. Or une telle conduite de leur part serait la mort de la république elle-même et la ruine des progrès qu'ils espèrent accomplir avec elle. Un parti dont les idées se réalisent et passent dans le domaine public cesse par là même d'être un parti, et ne doit plus en conserver le langage. Si les radicaux ne sont pas encore décidés à s'effacer derrière leurs idées, s'ils veulent garder au gouvernement les allures et les prétentions d'une faction victorieuse, c'est une raison de plus pour les écarter du pouvoir, car ils sont alors les plus dangereux ennemis de la république.

Il faut le répéter sans relâche aux républicains comme aux conservateurs, la république est la chose de tous, et ne saurait être l'œuvre d'une faction. Qu'elle ne commette point l'imprudence de s'isoler au milieu du pays ! Qu'elle n'ait point la forfanterie de repousser l'adhésion des nouveau-venus. Ce sont les conversions de la dernière heure qui lui apporteront le plus de force et d'autorité. C'est l'aveu d'impuissance de ses adversaires qui sera le gage de sa durée et de sa sécurité future. Ainsi l'assemblée nationale n'a certainement aucune envie de proclamer la république, et il est bien tard aujourd'hui pour lui en donner le conseil ; ce consentement tardif ne semblerait pas assez libre, et passerait plutôt pour un acte de faiblesse que pour un acte de souveraineté. Pourtant, si par hasard elle s'y décidait, les républicains sensés n'auraient pas à s'en plaindre. Quel témoignage de la nécessité de la république, quelle garantie pour son avenir et pour sa sûreté, que de la voir acceptée par ses pires ennemis ! La république adoptée de guerre lasse par les hommes qui l'ont tant combattue, votée, même *in extremis*, par l'immense majorité d'une assemblée monarchique, à la condition toutefois que cette assemblée n'essayât pas de s'éterniser au pouvoir, cette république-là serait indestructible et à l'abri de tout danger de réaction. Les conservateurs, qui l'auraient fondée, ne pourraient plus la répudier ; les assemblées suivantes la modifieraient sans doute, mais son existence même ne pourrait plus être remise en question. Si rien de pareil n'est à espérer de l'assemblée nationale prise en corps, au moins ne faut-il pas repousser gratuitement les adhésions individuelles, lors même qu'elles sont plus empreintes de résignation que de zèle. Il ne faut pas que les conservateurs puissent se plaindre un jour que la république ait été faite sans eux et contre eux. S'ils se sentaient plus tard tentés de la renverser, il faut que l'on puisse leur opposer leurs propres promesses et leurs propres actes.

C'est un mauvais calcul que de préférer des ennemis déclarés à des amis trop tièdes. C'est une maladresse pour un parti que de méconnaître ce qu'il y a de bonne foi et d'honnêteté chez ses adversaires. Quand une fois les royalistes auront pris la résolution de concourir à la fondation de la république, ils deviendront aussi sincères, aussi zélés que les républicains de la veille. Leur longue résistance elle-même est un gage de leur loyauté. Ils porteront dans leur attachement aux institutions nouvelles ce même esprit de conservation et de fidélité qui les anime aujourd'hui pour les institutions du passé. Plus les républicains deviendront conservateurs, plus les conservateurs s'attacheront à la république. Ils cesseront de former deux peuples ennemis vivant côte à côte sur le même sol, sans se mêler et sans se connaître. L'œuvre de conciliation, qui est le but et pour ainsi dire l'âme de la république conservatrice, s'effectuera toute seule, si chacun des anciens partis s'inspire un peu plus des nécessités de l'heure présente, et un peu moins des souvenirs du passé.

Quel que soit l'avenir qui nous est réservé, nous n'avons tous aujourd'hui qu'un devoir : c'est d'oublier ce qui nous divise et de chercher ce qui peut nous unir. Le mot d'ordre de tous les partis doit être le même, non pas celui du célèbre Danton et de ses imitateurs contemporains : « de l'audace, de l'audace, et encore de l'audace, » mais bien « de la modération, de la modération, et encore de la modération. » Qu'au lieu de fourbir leurs armes

Ernest Duvergier de Hauranne

pour de nouveaux combats, de s'excommunier mutuellement et de se menacer de mort, ils s'étudient sincèrement à se faire des concessions mutuelles, et travaillent à préparer des institutions qui puissent les abriter tous ensemble. — Cela est difficile assurément, mais moins chimérique qu'il ne semble à nos roués politiques et à nos patriotes désabusés, car, si nos chefs de parti ne donnent pas toujours le bon exemple, le pays du moins marche dans cette voie avec patience et avec courage, — car nous avons un gouvernement honnête qui sert de point de ralliement aux hommes de bon sens, et qui a fait de la république conservatrice le refuge naturel de toutes les opinions vaincues, aussi bien que le rendez-vous commun de tous les dévoûments patriotiques.

Quant à nous, nous lui resterons fidèles, nous n'abandonnerons pas la cause de la république conservatrice. Nous maintenons plus que jamais cette formule, bien qu'elle ait le malheur de prêter à rire à certains esprits raffinés. Libre à ceux qui ne la comprennent pas de s'en moquer tout à leur aise. Tant pis pour eux, s'ils sont étrangers aux généreux sentiments, aux sages résolutions aux patriotiques idées qu'elle exprime, et qui ne trouvent nulle part une expression aussi claire. Tant pis pour eux, s'ils ne veulent pas voir qu'elle garantit, mieux qu'aucune autre, le respect de la conscience nationale et la maturité de ses décisions. Que ces grands philosophes s'amusent, si bon leur semble, à cribler de leurs sarcasmes un gouvernement qui n'a d'autre but que de rendre le pays à lui-même en le guérissant de toute superstition politique, en l'affranchissant du joug des partis ; qu'ils essaient en même temps de nous imposer par l'intimidation ou par l'intrigue des solutions hâtives et des gouvernements de contrebande. : nous ne sommes pas inquiets de leurs tentatives ; nous savons qu'elles n'auront d'autre effet que de les rendre odieux au pays.

Oui certes, il y a chez nous beaucoup d'esprits forts, corrompus par le spectacle de nos révolutions incessantes, qui en sont venus à se faire des destinées d'un grand peuple comme le nôtre l'idée immorale que les Romains de la décadence pouvaient se former des révolutions de palais qui élevaient ou renversaient leurs maîtres éphémères. Il y a en France un grand nombre d'hommes honnêtes et éclairés, mais profondément sceptiques, qui s'imaginent que l'établissement de tel ou tel régime politique est une affaire de hasard et d'arbitraire, une espèce de loterie où l'on peut risquer indifféremment sur une carte ou sur une autre l'avenir du pays que l'on gouverne. Ils pensent qu'on peut affubler indifféremment une nation d'une république ou d'une monarchie, d'une royauté constitutionnelle ou d'une dictature militaire, comme on fait endosser divers costumes à un figurant de théâtre, et que les gouvernements eux-mêmes font l'opinion publique, par laquelle ils feignent de se laisser guider. Ces hommes-là considèrent l'histoire comme une série de coups de force, d'escamotages heureux et de travestissements improvisés ; mais, Dieu merci, l'histoire n'est pas encore aussi immorale : elle a encore des lois certaines, une logique inexorable, une philosophie, une justice ; Les gouvernements qui s'improvisent au mépris de la raison et de la morale de l'histoire ne fournissent jamais une bien longue carrière. Ils tombent comme ils se sont élevés, frappés dès leur naissance d'une condamnation qui s'exécute tôt ou tard, mais à laquelle ils n'échappent jamais. Les seuls gouvernements qui durent sont ceux qui se fondent sur les besoins d'un pays, sur les intérêts communs des classes, sur l'apaisement des partis, et qui ne débutent pas avec violence, mais avec réflexion et maturité. Tels sont les caractères de la république conservatrice, et c'est pour cela qu'en dépit des railleries de nos hommes d'esprit, des répugnances de nos hommes timides, des ambitions turbulentes de nos hommes de parti, sa politique simple et loyale finira par prévaloir.

Ernest Duvergier de Hauranne   ISBN : 978-1533556974